새벽달

신동명 시집

을지출판공사

| 시인의 말 |

떠나는 마지막 순간까지
파르르 떨며 타오를 내 시의 혼불
제가 쳐 놓은 덫
행간과 행간 사이에 갇혀
서산에 해 기울도록 울고 있네.

詩를 향한 열망 하나로 시 밭을 일구어 왔다.
부끄럼 없이 풀어 내리던 언어의 타래들을 짧게 묶어
신작과 함께 다시 시집을 엮었다.
한결 마음도 가벼워졌다.

누군가의 머머한 가슴에 다정하게 말을 건네는
시가 되길 바라는 마음 간절하다.

2016년 초여름
불광산 기슭에서

신동명

차례

- 시인의 말 · 3
- 작품 해설 / 권오운 · 115
  　　　　　　고중영 · 123
- 시집을 내고 · 127

제 1 부

깊은 산 | 11
산사山寺 | 12
늦가을 | 13
단풍 | 14
장미원에서 | 15
몽유夢遊 | 16
새벽달 | 17
빙벽氷壁 | 18
절벽에 마주칠 때 | 19
칼갈이 | 20

풍경 스케치 | 21
여름 한낮 | 22
전등사에 와서 | 23
자화상 | 24
비수匕首 | 25
낡은 골목길에서 | 26
나비와의 동행 | 27
수태 | 28
만다라-혈육 | 29
약에 대한 소고 | 30
어느 날, 문득 | 31
ㄱ 여자 | 32
둥근 토기 | 33

제 2 부

호숫가에서 | 37
가을밤 | 38
밤비는 내리고 | 39
도마 | 40
슬픔의 반란 | 41
설매雪梅 눈뜨다 | 42
종 | 43
연지蓮池의 말 | 44
이슬·2 | 45
바보처럼 | 46
가면의 줄타기 | 47
방황 | 48
시詩의 실체 | 49
해안가에서 | 50
시간의 길 따라 | 51
이런 바보라면 좋겠네 | 52
만나고 싶은 사람 | 53
거울 앞에 서서 | 54
멈춰진 시간 | 55
저 들판의 풀잎처럼 | 56
살다 보면 알게 되어요 - 마리 세실리아에게 | 57
사는 거란 말이지 | 58
경북 아지매 왈 | 59

제 3 부

블랙홀 | 63
오래된 아름다움 | 64
늙는다는 건 | 65
겨울 동백 | 66
달빛 아래 납매臘梅 | 67
그때 그 사람 | 68
잃어버린 계절 | 69
꿈꾸는 일탈 | 70
원류를 찾아서 | 72
얄리얄리 얄라리 | 74
비밀 하나쯤 | 76
바람의 끝자락 | 77
신기료장수 | 78
개밥바라기 별밤 | 79
양수리에서 | 80
뒤로 기는 시간 | 81
울릉도 | 82
바닷가 초가 | 83
폐가廢家 | 84
허기로 울 땐 | 85
산책길에서 | 86
잡초를 뽑다가 | 87
한 폭의 풍경 | 88

제 4 부

시우詩友에게 | 91
가을 엽서 | 92
산 위에 올라 | 93
부르지 못한 노래 | 94
그녀의 치매 | 95
그런 날도 오겠지 | 96
연등 하나 밝히고 | 97
버들벚꽃 흩날리니 | 98
기다림 | 99
시월 | 100
수레바퀴 속의 빛 | 101
여행길에서 | 102
갈림길에서 | 103
인연 따라 살자고요 | 104
아득한 바람-소망 | 105
버텨야 할 이유 | 106
길 따라 걷다가 | 107
당부하거니 | 108
바람꽃 청매 | 109
알리움꽃 | 110
깃들 곳으로 | 111
한 그루 세계수 | 112
풍경 밖 풍경 속으로 | 113
탈각 | 114

제 **1** 부

깊은 산

산 안에
산이 잠들어 있다

보지 않아도 보이고
듣지 않아도 들리는
파릇한 숨소리

묵묵히 꿈에 잠긴
깊은 겨울 산.

산사 山寺

밤사이 내린 폭설

산수유 빛 햇살만이 풍경을 흔드는 한낮

두 손 모은 수좌 스님

"나뭇가지에 서리꽃 피었으니 빙상의 넋이라"

시누댓잎 끌어안은 앞 강물에 얼어붙은 산 그림자

빈집의 돌쩌귀 같은 깊은 침묵.

늦가을

엘리베이터 안까지 따라 들어온
산딸나뭇잎 한 장

문 달아 걸어도
어느새 창틈 비집고 들어오는
낙엽의 밭은기침 소리.

…… 가슴 시려 돌아눕다.

단풍

맑은 햇살 쏟아지는
산등성이를 타고

뜨겁게 타오르다 스러지는
저 붉은 열꽃

나도 지레
물들어 산속으로 타 들어간다

아, 황홀한 침몰이다.

장미원에서

어질머리 꽃사태

휘청, 향기에 빠져드는 순간
해일처럼 덮쳐 오는
꽃잎에 찔려 두 눈 감다

미늘의 극치에
파르르 요동치는 꽃멀미!

몽유夢遊

찌는 듯한 여름밤 꿈자리 내내
대자리에 큰대(大)자로 누운, 아니
콩태(太)자가
밤새껏 나를 동동 쫓아다니대

기어코 물을 한 바가지 퍼붓고 말았네.

새벽달

당신이 던진 몸짓 하나
밤하늘에 걸어 놓고 골똘히 어루만지다가
새벽녘에야
남몰래 달님 하나 배고 말았네.

빙벽 氷壁

달빛에 끌려 덧창 열고
산을 바라보니
칼바람에 얼어붙어
파르란 은광을 발하는 산비탈 폭포

이쪽 경계에서 저쪽 경계로 무너지듯
한 계절을 허물며
꽉 껴안고 멈춘 저 결빙의 침묵

소리를 가두고
윙윙거리는 산
수도승처럼 동안거에 든 나무들

다시 환한 봄이 오면
저 단단한 결빙은 허물어지고
계곡을 깨우며 소리치겠지

견딘다는 것은
모든 것은 지나간다는
섭리를 믿기 때문이다.

절벽에 마주칠 때

누구나
옆구리에 절벽 하나씩 끼고 살지
아무리 사방을 둘러봐도
길은 자취를 감추고
아득해질 때

그 절벽에 매달린 휘어진 노송
나뭇가지 사이로 장엄하게 물든 노을 속
붉은 벽을 차고 오르려는 독수리

아찔한 절벽이 키우는
그곳은 또 다른
끈질긴 생명의 터전인 것을

검푸른 바다 물결 너머로
걷잡을 수 없이 흘러가는 세월
공허는 처음부터 완성됐으니
두려워하지 말고 날개야
힘껏 솟구쳐 올라 유유히 날아가거라.

칼갈이

평생 갈지 않아도 된다는
고강도 장미 칼이 나온 디지털 세상에
개도 안 물어갈 케케묵은 아날로그 호객

"칼 갈아요, 칼"
칼이나 가위를 가세요, 무엇이든 잘 갈아드립니다
새(쇠)칼도 팝니다."

골목길 들썩이는 요란스런 확성기 소리
정결하게 씻겨 내리는 물로
무엇이든 잘 자르게 칼을 갈아준다니

설마, 이 세상에
남몰래 지은 죄악과
내밀하게 품었던 불온한 마음까지
물 베듯 흔적 없이 사라지게 해준다는 건지

낮말을 듣던 새가 귀를 쫑긋거리는 대낮.

풍경 스케치

연신내 옛 지명 활터
수령 이백여 년 되신 느티나무 밑
동녘 향해 놓인 긴 나무 의자
은발들이 해님바라기를 한다

천만 가지 생각 고였던 가슴들도
세월이 흘러가면 텅 빈 들녘이 되고 마는가
비둘기 떼가 내려와 모일 쪼면
이따금 아득한 눈길만 줄 뿐

세월에 등 떠밀려 떠내려간
마음씨 무던한
내 친구의 눈을 닮은
키 작은 할머니 곁에 가만히 앉아 본다

세상 밖 풍경이 무심하다.

여름 한낮

눈부신 에메랄드빛 하늘 아래
질펀히 드러누운 삼각산 밑
진관사 대웅전

금강반야바라밀다경
게송(偈頌) 마친
염주나무가 시방
불두화 속으로 들어가
늘어지게 낮잠 주무시는 한때.

전등사에 와서

천년고찰 도량에는 성불하기를
발원 축수하는 낭랑한 예불소리

정들어 미워했던 사람아
다음 생애에서 다시 만나면
가타부타 따지지도 말고
울근불근 겨누지도 말고
봄바람처럼 그냥 서로 스쳐 지나가기를

산다는 게 절 한 채씩 허무는 일 같아
지은 죄업에
모골 송연해지는 길짐승 예 있으니

떠가는 구름조차
민낯으로 보기 어려워 눈을 가리다.

자화상

제자리 뱅글뱅글 맴돌다가

냉수 한 사발 벌컥벌컥 들이켜다

세찬 비바람에 날아가도

멈출 수 없는 춤사위

오늘도 제 꽁지 물고 맴도는 물방개.

비수 匕首

저 시퍼런 서슬
허공을 향해 휘두르는
번뜩이는 광기

바람 한 점 자르지 못하는 여린 네가
미증유를 떠도는
내 마음
한칼에 자를 수 있다고?

낡은 골목길에서

"오래된 선풍기나
못 쓰는 냉장고, 컴퓨터 삽니다."
쉰 목소리 고물 트럭 한 대가
삐걱거리는 관절로 천천히 언덕을 오르는
유모차를 비껴간다

불광산 자락 아래 젊은이들
더러는 객지로 떠나간
허우룩한 골목 어귀
한쪽에 서서 무지근히 지켜보다가

문득,
야위어가는
내 가슴 한켠을 가만히 손을 대본다.

나비와의 동행

딸네 집 가듯 산등성이 넘어
친구 집 찾아가는
오솔길에
흰 나비 한 쌍 팔랑팔랑 앞장선다

죽은 사람의 넋이
나비로 환생한다면
내 길을 따라 나서는
이 나비는
어느 길에서 만났다가
떠나간 인연인가

내 몸에 닿을 듯 닿을 듯
따라 오라며
나비 한 쌍 자꾸만 앞길을 재촉한다.

수태

금 긋고
밀치며 당기다가

어느 날
꽃잎 벽 따라
길 트는 유영의 꼬리

긴 동면
싹 틔우는 저 신비!

만다라
–혈육

동그라미 안에 네모, 네모 안에 세모가 들어 있고 세모 안에 할아버지의 발, 할아버지 발바닥 안에 손녀의 작은 발, 그림 위엔 손자와 할아버지 손이 포개져 있다. 전기회로처럼 이어져 흐르는 혈관들 부용화가 되어 방긋이 웃는 손녀, 할아버지 눈동자 속의 눈부처다.

약에 대한 소고

딱딱하게 굳어진 바게트 빵에
진한 커피를 마셨더니 체했나 보다

요동치며
벌렁거리는 가슴이
세렝게티 초원에서
달려드는 코끼리 귀처럼 펄럭거린다

무균실로 죽음 직전까지 내몰았던
암癌이란 흉측한 놈이
드디어 내게 화해의 깃발을 흔드는 소리 같아
이 별난 체험조차 고맙다

이렇게 내가 살아 있음이여!
깊은 나락도 더러는 약이 되나 보다.

어느 날, 문득

목이 가느다란
유리 꽃병에 꽂힌
몇 가닥 관엽 식물
창틈 바람 타고 하늘하늘

좁다란 골목
해진 운동화로
뛰어노는 아이들의
햇살 같은 웃음소리를 듣다가

문득, 알 것도 같네
살아 있음이 행복이란 걸.

그 여자

새장 속의 새를 보면 그 여자가 생각난다. 샘물 마시기 전부터 쪽박이 깨질까 봐 눈부터 먼저 가리는 여자. 바가지는 물이 담겼으면 담긴 대로 가랑잎과 구름 태우고 물결 잦는 대로 뱅글뱅글 몸살 비비며 돌 것이지 한눈팔러 어디로 잠깐 외출한대도 괜찮을 참한 여자. 쪽박을 생각하면 가슴팍을 무시로 물어뜯겨 날개 꺾인 새와 같은 그녀의 검푸르게 이끼 낀 눈빛이 생각난다. 삶의 코뚜레에 꿰어 아무 말 못하고 눈만 끔뻑이며 되새김질만하고 세월 흘려 보내는 등신 같은 그 여자.

둥근 토기

빈 항아릴 보면 무언가 담고 싶어진다
비어서 오히려 충만한 샘이 되는 둥근 토기

모나지 않은 생각만이라도
듬뿍 담아둘까 하다가
둥근 토기를 닮은
둥근 잎의 시클라멘 화분을 담았다

둥근 잎과 둥근 토기
날 세운 가시가 있는
생각들을 잠재우게 하는
둥글다는 것

비어서 출렁거리는 빈 항아리
깊은 동굴같이 허한 가슴에
시클라멘
힌 생명을 심어 주었다.

제 **2** 부

호숫가에서

길 물어물어 멀리도 찾아왔다

밤새 물소리 베개 밑으로 구르더니
삐이 삐이
새벽을 가르는 물총새 휘파람 소리

물안개 끊임없이 피어올라
사라져 가는 물가에 서니 알겠다

연꽃에 맺힌 이슬로 태어난 우리
물로 헤어졌다
물로 만나 함께 흐르고 있음을.

가을밤

낙엽은 나무의 마지막 이별 편지

야윈 등에 지고 갈 것조차 없어

거리마다 넘쳐 흐르는 슬픈 노래

외로운 섬처럼 떠 있던 달님도

인적 드문 거리를 배회하는 가을밤.

밤비는 내리고

하릴없이

유리창에 비친

제 얼굴 위로

물 그림이나 그렸다가 지우고

지웠다간 또 그리고…….

도마

수없이 난타를 당해도
절대 울지 않는다
팔팔 뛰는 생선도
싱그러운 채소도
끝내는
제 몸 허물어 길을 내는

그것은 누구를 위한
경쾌한 노래였다가
슬픈 허밍이기도 하지
살아 있음을 노래한.

슬픔의 반란

고요히 흐르던 물결이 반란을 일으키며 해일 져서 넘쳐난다. 내 안에 수없이 반짝이는 물비늘들 꼬리를 물고 첨벙거린다. 어떤 놈은 현란한 산호의 꾐에 빠져 좌충우돌 혈분을 방출하기도 하고 또 어떤 놈은 새벽달 돋도록 포획당할까 봐 제풀에 놀라 모래무지가 된다. 수없이 돌고 돌아 도달한 꼭짓점은 인장처럼 찍힌 뒤에 가라앉는 상처의 흔적들인 앙금일 것을, 쓰다듬다 부둥켜안다가 끝내 모든 것은 지나간다고 아픔도 때로는 힘이 된다고 울부짖는다.

설매雪梅 눈뜨다

먼 길 마다 않고 밤새도록
찾아온 첫눈
수줍은 매화송이
살그미 입술 열다

초경 비친 소녀의
두근두근
설레는 숨결인 듯, 숨결인 듯
새근거리는 숨소리.

종

종은 바람의 결을 흔들어
제소릴 낸다

나도 그대를 흔드는 종이 될까 보다
흔들다가 흔들리다가
내 몸 산산이 소리로 흩어지는 그 날

그대 안에서
긴 –
여운 남기며
조용히 잠들었으면…….

연지蓮池의 말

작은 풀 꽃씨 하나가
짙은 어둠을 대낮같이 환히 밝힘을
보신 적 있나요

홍련, 가시연, 노랑어리연, 수련, 물옥잠,
물양귀비, 자라풀, 생이가래
청청한 웃음 보려고
온갖 오물 썩히고 썩혀 걸러내
무장무장 수혈해 주는
이 은밀한 즐거움을 당신은 아시나요.

이슬 · 2

제 속 까맣게 타 들어가는 줄 모르고
해를 향해
한사코 돌기만 하는
바보 못난이 해바라기를 닮았는가

바위처럼 꿈쩍 않는
몹쓸 그리움
가슴속 뜨겁게 끌어안고
밤새껏 풀잎 위에서 파르르 떨다

새벽 갓밝이에
눈물 머금은
여윈 제 몸 훌훌 털어 내고
해님 향해 먼 길 떠나가는 이슬.

바보처럼

아무렇지도 않은 척 담담하게
손 흔들어 줘야지
떠나는 너를 위해
남겨지는 나를 위해

돌풍이란 어차피 모든 것
휩쓸어가
제 모습조차 보이지 않는 것
처음부터 없었던 일이야

네게 흘러갔던
내 마음 돌아오길 기다리며
천치인 듯 살다 보면
추억도 아름답게 채색되겠지

슬퍼도 기뻐도
머리를 주억거리며 저 홀로
날아가는 서녘의 새 한 마리.

가면의 줄타기

사람이 머문 곳 치고

어디 그 흔적 남아 있지 않은 곳 있다던가.

방황

이카로스의
녹아내리는 날개는
거역할 수 없는 운명이다

불후의 입김이 닿아야
시들지 않는
향기를 피워 낼 詩일 터

평생 가슴앓이 통증을 앓을
시인의 길은 험난한 길
반납할 수도
물러설 길도 보이지 않는

가난한 내 시혼아
어디를 또 싸돌아치는 게냐?

시詩의 실체

옷매무새 단정히 하고
눈썹 꼿꼿이 세워
거울 앞에 서 봐도
나는 없다

바람 잔 호면에
차분히 비춰 봐도
분명치 않은 얼굴

마음 갈피
속속 드리운
시간의 앙금 리듬으로
다 가라앉힌 다음

詩의
맑은 실체 떠오를까.

해안가에서

산다는 것은
끝없이 덮쳐 오는 파도와 씨름하는 것

꾸륵, 꾸르륵 흰 거품 잔뜩 내뱉으며
하얀 이빨마다 날 세워
달려드는 파도에게
할퀴고 물어뜯기다가 때론
접전을 펼쳐 대항하다
내일의 전략을 위해 물러서기도

그리고는
오늘처럼 이렇게
가만히 서서 지켜보는 일.

시간의 길 따라

서두르지 않아도 물처럼 흘러가는 것을

서둘러 마침표를 찍지 마세요

쉼표처럼 때가 되면 제 갈 길 가니,

그냥 그렇게 줄임표로 놓아두세요.

이런 바보라면 좋겠네

밤 그늘이 나래를 접고 내려앉네
건너편 산등성이 아파트 창마다
하나, 둘 불을 밝히면
쓸쓸함도 반짝 별처럼 눈을 뜨네

이런 허전한 밤에는
얼큰히 취해 막걸리 잔 부딪치며
스스로를 기꺼워하는 바보가 되고 싶네

골목 한 귀퉁이
포장마차 흐릿한 불빛 아래
쓸쓸한 옆모습의 사람과
스쳐 지나갈 사랑 이야길 나눠도 좋겠네

삐걱거리는 의자에 앉아
그와 술잔 찰캉 부딪치며
바보처럼 그냥 웃어도 참 좋겠네.

만나고 싶은 사람

장미꽃처럼 화려하진 않아도
들꽃을 닮아
볼수록 친근감이 가는 사람
냉기 찬 외로운 이웃 가슴을
따스한 불빛처럼 그윽한
미소로 어루만져 주는 사람
가당찮은 일에 덤터기를 써도
기꺼이 자기 탓으로 여겨
속쓰림도 참고 견디며
말없이 자신을 가꿔 가는 사람
고추바람 속에서도
지평을 넓혀 가게 허락해 주신
조물주께 감사 기도 올리는
벌판의 나목처럼
오늘 살아 있음에
머리 숙여 감사 기도 드리는 사람

덫에 치여 불면의 밤을 새우는
나의 어리석음까지도 보듬어 주며
세상의 밝은 쪽으로 이끌어 주는
그런 지혜로운 사람을 만나고 싶다.

거울 앞에 서서

젊은 날의 뜨거웠던
혈기는 어디로 사라졌을까

불의의 앞에서 눈감는
청맹과니 비열함
배곯는 이 앞에서
포만감 두들기는 몰염치

천장을 치받는 과오
바스러진 초상이
냉소만 퍼붓는구나!

우리는 모두 외로운 혼
하찮은 일에도
의미를 부여하던 사람아
이제는 돌아와
거울 앞에 마주 서 다오.

멈춰진 시간

산등성을 거슬러 올라가
팽목항 먼 수평선을 바라본다

조류가 거센 맹골수도 그쯤 어디
그날의 참상 잊지 않겠다는 듯
달님 하나씩 끌어안고
몸부림치는 물결들

바다 속 미궁에 갇혀 울부짖는
어린 영혼들 외마디 소리
눈 밝은 달님도 솔가지 사이로
얼굴 내밀고 끄덕이는데

못다 핀 가여운 넋인 듯
저만치 날아가는 파란 인광들
달빛 밟고 올 이 있는지
어깨를 들썩이며 흐느끼는 억새풀.

저 들판의 풀잎처럼

갈림길 이르러 갈 곳 몰라
서성일 때
땅 속 깊숙이 물관부 묻은
나무 같은 사람을 만나고 싶다
언 발 내밀면 따스한 온기 보태 줄

삶이 사랑 찾아가는 여정이라면
짓밟혀도 다시 움터 오는 풀싹처럼
아린 마음 잠시 접어
하늘에 걸어 놓고
내 안의
또 다른 나 불러내 뜨겁게 포옹하리

그래, 이 사람아 이젠 외롭다고 하지 말자

등짐지기도 내려놓기에도 벅찬 삶
누군들 무겁다고
쉬이 벗어 놓을 수 있겠나
들판의 이름 모를 풀잎조차 저렇듯
제 생을 업고 흔들리며 일어서는데.

살다 보면 알게 되어요
―마리 세실리아에게

박수갈채에 파묻혀 사는 그도
나락에서 헤맸던 때가 있었다네요
하긴, 누구나 제 깜냥대로 살아가지요
모서리가 닳았으면 닳은 대로
구부러졌으면 구부러진 대로
그러나 모진 시련이란 놈이
하늘을 날게 하는 묘한 생리도 가졌다는 걸
그대는 아시나요?
로키 산맥 해발 3,000미터,
수목 한계선 무릎 꿇은 나무는
명품 바이올린으로 태어나기도 해요
살 깎는 혹독한 추위가
관절 마디마다 스며들어
공명으로 거듭 태어나 현을 울려 주지요
삶이 슬프다고만 흐느끼지 마요
고단한 별들이 나뭇가지 위에서
잠시 쉬어 가듯이
그대의 꼭꼭 여며 둔 아픔들도
쉬어 가도록 단추를 풀어 줘요
잠시 멈추면 보일 것들을 위하여.

사는 거란 말이지

사람 사는 세상 이야기 어딜 둘러봐도
모두 다 거기서 거기,

지금 창밖에선 감때사나운 폭우
나무들 뿌리째 날려 보낼 듯 맹폭을 가하네요
생의 마지노선 지키려는 나뭇가지들의
처절한 몸부림

삶은 지상 최대의 명제
죽음 앞에서 그렇게도 갖고 싶어하는 오늘
혼자서는 살아갈 수 없어요
창밖의 저 나무들처럼
비바람 속에서 같이 눕고 같이 일어서며
그렇게 숲을 이루며 살아가는 거죠

잊지 마셔요 그대
별일도 아닌 것 같은 일 앞에서도
눈물이 핑그르르 도는 것은
우리네 질박한 정 때문이라는 것을요.

경북 아지매 왈

"콩 튀면 팥도 튀는 얄궂디얄궂은 시상에
주판알 놓듯키, 자로 잰듯키
그렇게 사는 사람 어디 있다꼬
그렇다꼬
모래알 헤집듯이 살 순 더더욱 없대이
쪼매 흐트러져도 지 줏대 팍 세워
그래서 굴비알처럼
인간미가 딱 부러지게 맛깔진
어딘 간 고런 사람도 땅 밟고 있을 꺼구마
신명나게 두 팔 벌려
날라리 춤추다가도
눈물 어린 눈동자로 수굿이 웃음기 날리는
실수투성이라고 스스로 자책 마이소
사는 기 다 그렇제
떠 놓은 죽에 콧물 빠뜨리기도 하고
똥밭에 엎어지기도 하는 게 이승이제
'몬 살아, 내사 몬 산다' 라는 말
노상 입에 구슬처럼 달고 사는 이 인사야
드렁칡매구로 지긋지긋하게 얽혀
똥 싸고 뭉갤 때까지만 살아 보꾸마, 하모 하모!"

제 3 부

블랙홀

강 건너 짚불 일듯이 길길이 일어서는 죄의 뿌리들
머리를 풀어헤친 미모사의 위장이다
어둠이 몸을 풀 때
진실마다 갉아먹는 교묘한 술수의 속임수
광기의 블랙홀은 베일의 수수께끼인가
새카만 장막 저쪽 연출은 완벽해
아무도 거짓이라 눈치 못 챈다

현란한 불꽃놀이 부러지는 장미꽃
최면에 걸려 질질 끌려가는 거푸집 삶

포획을 노린다 밤은 곳곳에 덫을 쳐 놓고-.

오래된 아름다움

신이 만든 것 중 가장 아름다운 것은
맵시 있게 굴곡진 여인의 몸매라 하였던가
그러나 그대는 아는가
쪼그라진 젖가슴이 말없이 전해 주는
형언할 수 없는 깊은 감동을

목욕탕에서
내 등 밀어 주겠다고 다가온 그녀의 손가락은
오랜 노동에 시달려
류머티즘 관절염에 걸려 꼬부라져 있었다

무엇이 우리를 슬프게 한다는 겐가
바위를 기단으로 쌓은 단단한 탑조차
언젠가는 감열지처럼 타버려 무너져 버릴 터인데
식구를 위한 노고는
마지막 순간까지 남을
위대한 우리들 어머니의 힘

문득, 그녀 손에 경배하듯 입 맞추고 싶었다.

늙는다는 건

푸르름만이 좋은 것은 아니야
세상의 나무들이 늙어서 더 아름다워지듯
세월의 더께가 겹겹이 쌓인 얼굴
시간의 이랑들 곳곳에 줄지어 선
늙음 또한 좋은 거야

한때 객쩍은 으름장에 꽁꽁 언 동태가 된 적도
모난 돌이 정 맞고 맘 상한 적도 있지만
이제는
생뚱맞은 어이없는 일에도
껄껄 웃어 주는 여유가 생겼다니까

꽃에 속아 가슴 두근거리기 보담
돌아서서 수굿이 미소를 깨물 줄 아는
훈훈한 가슴이 된다는 건 축복인 거야

새 꽃 새잎 피우기 위해
시든 꽃 시든 잎 내려놓듯
비바람에도 굽히지 않는 듬직함이라니.

겨울 동백

섬뜩하구나 매서운 결기가
하얗게 눈 쌓인 천 길 벼랑으로
단숨에 생을 요절내
붉게 물든 선혈

할 말 많은 붉은 혓바닥 동백
흩어진 사연 줍는 동박새여
언제 서로 만나기나 했었던가?

생의 절정에서
목숨까지 살라 먹은 그대는
사랑의 불꽃 화신
헛된 거짓 사랑맹세에
제 스스로 관棺이 된

피맺힌 생죽음일진대 애절타
영가 불러 위로하노니 천기 밝은
이 밤 절통함 굳이 잠재우시라.

달빛 아래 납매臘梅

매서운 삭풍 한철 인종으로 다진 세월
앞강도 쩡쩡 정을 치는 섣달
메마른 철골 살 찢는 아픔이지
노란 꽃구름 송이마다
실핏줄에 아로새긴 불꽃문신

쨍그랑 떨어지는 달빛 아래
서릿발 돋는 꼿꼿한 내 향기
천 리 밖으로 퍼지리니
시로 숨 쉬는 시객들이여
내 주름진 꽃그늘 아래
박주산채 술잔에 낙매 띄워
나를 기리는 시 한 수 읊어 준다면

첫사랑인 듯, 첫사랑인 듯,
짙은 향기 머금은 채 두근대는 앙가슴
차디찬 눈발도 비껴가리니
명년 섣달 달빛 지르밟고
그대 향해 잰걸음 총총히 디디겠소.

그때 그 사람

바이올린 선율 〈I'ill Never Forget You〉가
흐르는 창가에서
손택수 시 「범일동 부르스」를 보는 순간
문득,
까마득히 잊혔던 범일동 그 사람이 떠올랐다

군대 다녀온 뒤,
학비 마련에 쫓기면서도 유멀 잃지 않던 그
학비를 미처 해결 못 했을 때
고향집에서 부쳐온 학자금을
범일동 장학금이라며 씁쓸히 웃던

지금 어느 하늘 아래 둥지 틀고 있을까
살아 있기나 할까
길에서 맞닥뜨려도 세월이 그어 준
깊은 이랑 때문에 모르고 지나칠지도 몰라

옛날은 나일 먹어도 늙질 않는가
귀엔 듯 스며드는 나지막한 휘파람 소리

빗금 긋는 별똥잎 한 잎, 차웁다.

잃어버린 계절

철 늦은 눈이 내린다
먼 길 돌아
겁도 없이 또 뛰어내린다
제 아무리 퍼부어도
나뭇가지 한 자락
온전히 덮지 못할 무모함이여

치기 어린
우리들의 한때의 사랑같이
속수무책으로 뛰어들어
질척거리는 진창조차
덮지 못하는구나

퍼붓던 눈송이 잠드니
어디선가 짝을 찾는
도둑괭이 울음소리가 거칠게 들린다.

꿈꾸는 일탈

바이올린 네 줄의 현에 혼을 실어
인생의 쓴, 단맛을 우려내는
세르게이 트로마노프(Sergei Trofanov)의 연주
〈Belle-From Notre Dam De Paris〉를 듣는다
집시 '에스메랄다'의 분망함은
인간의 거짓 없는 몸짓
천대받는 애환 가슴 시려도
"사랑은 그 어떤 것이든 무죄다"
타오르는 모닥불 둘러싼 춤사윈 열정의 극치

정처 없이 떠도는 유랑의 무리 집시
이탈리아 나보나 광장, 베네치아,
트레비 분수 근처
스페인 바르셀로나 카탈루냐 광장
인도 북부 곳곳에서 마주친 집시들

내 안의 나도
타자가 아닌 나를 살고파한다
사랑하고 헤어지고 가슴 아파하고
또다시 사랑의 몸짓 죽도록 하다가

마침내,
한 줌 뼛가루로 산산이 마스러질
뜨거운 정열의 화신火神 집시이고 싶다
온몸을 불태울 벌거숭이 자연인이고 싶다.

원류를 찾아서

낡은 밤색 구두를 신다가 문득,
지구를 한 바퀴 돌아
낯선 이방인인 내 무게를 싣고 다닌
이 구두의 지난 내력을 더듬어 본다

헝가리 중세풍 소도시 센텐드레
좁다란 자갈길과 뾰족 지붕의 반 지하
그 어느 상점에서 구입한 샌들
샌들이 만들어지기까지
소의 가죽 무두질에
전력을 바친 이의 땀방울이여
구두 깁기 위해
시력을 혹사시켰을 구부러진 등이여
노역에 시달리는 그들이 그들의 길 쉼 없이 가듯
나도 이 구두를 신고 내 갈 길 갔었지

번듯한 신작로와 울퉁불퉁 자갈길
때로는 늪을 만나 허우적거리다
가던 길 돌아서서
어깨를 들썩이며 울 때도 있었지

샌들을 만든 이들 한숨 헛되지 않게
내 자취 실오리만큼 남길 수 있으려나
낡았어도 버릴 수 없는 미련이
내게 오려고 긴 여정을 엮어 온
샌들과 맺어진 원류를 꼽아 보게 한다.

얄리얄리 얄라리

떼 지어 쏘다니던 눈송이들 잠들고
섣달 푸른 소금 달빛 눈이 시리다
이럴 땐 잠시잠깐 찌든 망태기 벗어 놓고
첩첩산중 외진 오두막
푸진 아낙이 돼 보는 꿈을 꾸어 보면 어떨까

겉치렌 필요 없이 그저 제 생긴 대로
햇살에 쨍쨍 달군 맨몸으로
밤이면 호롱불 켜 문설주에 매달고
화롯불에 된장찌개 졸이며
눈발 헤치고 돌아오는 이
기다리는 유순한 아낙네
뒤울안에 묻어 둔 무청 김치 어석어석 씹으면
넉넉한 맘 그 무엇도 부럽잖겠네

밤바람 문풍질 흔들고
눈발 싸락싸락 체를 쳐도
드러낼 것 숨길 것도 없는 내외
나란히 봉창 열고

눈 그친 밤하늘 쳐다보면
눈동자에 그들먹 고운 달님 고일라
눈 쌓인 산천에 산토끼 발자국 소리 듣겠네.

비밀 하나쯤

해 다 지기 전
양파 같은 비밀 하나쯤
맨 아랫단 깊숙이
꽁꽁 숨겨 두고 싶다

내 눈에만 보이고
내 귀에만 들리는
가슴을 온통 불태우는 열모悅慕

아무 일도 없다는 듯이
가만히 한 겹씩
꺼내 보는
그런 비밀 하나쯤
갖고 싶다.

바람의 끝자락

바람의 끝자락을 찾아본다
치기 어린 짓거리라고 비웃어도 괜찮다
이 세상에
치기 아닌 것이 어디 있기나 했던가

불순한 음모로
우리들 눈 맞춤했을 때도
치기 어린 바람은
늘 팽팽하게 활시윌 당겼지

달빛이 채 기울기도 전
두 손바닥 사이로 순식간에
새어 버린
반짝이는 물비늘 같은 바람

더듬어 본다
널 찾아, 아니 날 찾아
자미목 붉은 꽃이 까맣게 지는 밤을…….

신기료장수

노루 꼬리만큼 남은 해
한 평 남짓한 구두 수선 점포에는
추위에 곱은 손이 구두 뒤창을 간다

박봉의 샐러리맨이었던 그가
팔순의 아버지 뒤를 이어
신기료장수가 된 건 2년째

노환인 부친을 걱정하다가
그나마 아이들 몸 건강하고 공부 잘해
다행이라며 어설프게 웃는
여윈 볼이 희미한 전등불 밑에서
산그늘로 내려앉는다

문 틈새로 바작이는 바람 탓일까
갑자기 콧날이 시큰해지고
내 구두 뒤창을
확인하는 손끝이 가늘게 떨렸다.

개밥바라기 별밤

오래간만에 찾은 인천 시골집
봉당서 가댁질하며 놀던 강아지들
느긋한 낮잠에 빠진 오후
추녀 끝으로 방 안을 들여다보는
한 떼의 구름처럼 보고픈 얼굴들

피난살이, 어린 자식들 굶길세라
무거운 목판 이고
시골 동네마다 행상 나섰던 엄마
누렁이 워리는 오 리 길 배웅했었지
저녁 끼니때도 훌쩍 지나
석바위 동산에 붉은 달 뜨면
대문 앞서 쪼그리고 앉아
엄마 발자국 소리에 귀를 세우던 우리
어렸을 적 툭하면 떼쓰던
내 철없음에 울컥이는 목울대

모든 건 다 순간이라고
앞마당 후박나무 우듬지를 흔드는
바람 한 줄기 지나가고
어느새 반짝 개밥바라기 떠오른다.

양수리에서

창가에 선인장 꽃이 놓인
붉은 벽돌로 지은 찻집

벽면에 걸린
샤갈의 몽상적인 그림 한 점
사랑의 찬가를 그린
[여곡마사(女曲馬師)]
가슴의 파고는 출렁이는데

이마가 시리도록 보고파
봄 앞 다투듯 온다던 이는
올 기미조차 보이지 않고
코끝으로 착 감기는
커피 향에 취해
거부 못할 치사량의
약을 마시듯
나 홀로
다갈색의 깊은 심연을 마신다

창밖에는
는개처럼 어둠이 풀리는데.

뒤로 가는 시간

스산한 바람에 꽃잎 분분하니
찻집에서 마주 앉았던
그 사람 모습 떠오른다

서로를 채울 수 있는
가슴에 들끓던 말들
죄다 찻잔 속에 털어 넣고
애꿎게 가슴만 졸이던

머나먼 너라는 행성
시간은 빈 술병처럼
바람 따라 굴러가는데

한 채의
빈집 같은 마음이여
공허한 내 노래는 가뭇없구나.

울릉도

검푸른 깊은 물살
번뜩이는 물비늘들
햇빛 따라 물안개 개짐 휘익 풀어내면
바다 가득 출렁대는 붉은 물살

오징어잡이 배에 출렁이는
만선의 깃발
간밤 된바람 불어 식구들 안전과
조황에 초조했던 뭍 식구들
집어등 환한 불빛처럼
터지는 환호 소리

실낱같은 목숨 줄
팽팽히 묶는 바다와 뭍 사이
힘찬 구릿빛 역동의 삶이다.

바닷가 초가

세월의 무게로
기울어진 초가 추녀 끝
낡은 거미줄에 조용히 입적한 거미

퇴락한 쪽마루엔
고롱고롱 코고는 늙은 고양이
벽에 걸린 촌로의 해진 무명 고의적삼

불씨 꺼진 아궁이
살강 위에 놓인 막그릇 몇 개가
핍박을 가리지 못하는 저녁나절

바닷가 오래된 풍경 속엔
전설이 된 배우들이
빛바랜 신문벽지 속에서
시공을 자맥질하며 숨을 내쉰다.

폐가 廢家

검푸르게 삭아 내린 양철 지붕
마당엔 개망초, 쇠비름, 잡초만 키를 돋우고

세상살이 푸념에 귀때기도 절었겠지
아이들 웃음소리가 묻어 나오는
사방치기 조약돌

삭은 무릎 곧추세우며
행여 정붙여 살던 식구들 찾아오려나
길게 목 늘여
기다리는 사립문짝

쪽마루 한쪽에 잠시
엉덩이 붙이고 쉬고 있던 가을 햇살
한 줄기 바람 따라 떠나가고

어린 시절 소꿉 놀던 동무의 그 집이
또다시 적막 속에 저물고 있다.

허기로 울 땐

마음 둘 곳 없어 허기로 울 땐
강가로 나간다
거기 속울음 삼키는 갈대처럼 서면

도저한 물결 따라
곁을 떠난 사람들과
떠나야 하는 사람들이
강 건너 희미하게 돋아나는
불빛처럼 흔들리고

싸한 바람 한 줄기
가슴을 돌아 빠져나가면
걱정도 가라앉고 마음도 유순해져

어느덧
잎사귀들 떠나보내고
강을 안고 우뚝 선 나목처럼
나도 의연히 서 있다.

산책길에서

새벽 달빛 부서지는 숲길을 걷다
풀무치 사부작거림에 새벽잠 깨어
안개 속에서 서서히
몸을 일으키는
활엽수와 침엽수, 덩굴나무들

어둠 밀어내고
금빛 날개 활짝 펴는 밝새
훅, 덮쳐 오는
숲의 기운
바장거리는 폼이
자기들을 알리고 싶은 거다

덩굴나무가 친친 감아도
귀찮다 않고 받아 주는 나무
키 큰 나무에 가려져도
바람 불면
제 신명에 춤추는 착한 나무들
모두들 분수껏 살아가니 참 예쁘다.

*밝새 : 청명한 날 하늘에 뜬 새벽노을. 사전에 없음.

잡초를 뽑다가

해가 설핏할 무렵
잡초 뽑으려 뜰로 나서다

제 영역 다지려고
무리를 이뤄
잔디보다 키를 세우며
기승을 부리는 잡초

단죄로
바싹 뽑아내려 하나
생명 있기론
그들과 나 무엇이 다른가

스르르르
풀려 나가는 손아귀의 힘.

한 폭의 풍경

무례가 따로 없다니까
마치 달리는 세단차 안인 양
대중교통 안 휴대폰, 예서제서 경주하듯 목청 돋워
'나 여기 있소'
오죽 내비칠 게 없으면
저리도 사설들 엮어 내릴까

맞은편 좌석 부부인 듯한 두 사람
잠잠히 나누는
미소가 달무리처럼 환하다
저처럼 말을 아끼면 죄도 덜 지으리
목적지에 내리기 직전
두 사람이 나누는 수화
한 폭의 그림처럼 산뜻하다.

제 4 부

시우詩友에게

고뇌하고 절망하는 시인의 길 외로운 길
매너리즘에 빠져 詩業을 작파했다고요?

그대 감성 무뎌졌다면
쉬지 말고 詩心 무두질해 시를 심어요
호흡이 짧아 진부하게 그렸대도
그대의 심판자는 오직 자신일 뿐
어떤 평판에도 흔들림 없이 자기 시 지켜요
어쩌다 톡톡 튀는 시 썼을 때
그 뉘 그대에게 시비 걸어도 의연하라고요

고된 창작의 길 걷던 어느 날
일망무제 바닷물에 시심 넌짓 띄워 올려
해 뜸에서 해넘이까지
장엄한 풍광 활짝 피워 내다 다비식 치러요

그대 꿈틀거리는 쉼표 점점이 아로새겨
옥나브 그려 니기면 진즉 이승 떠나도
술 한 잔 따라 기려 줄 터
시우여,
시심 줄기 따라 슬렁슬렁 노를 저어 가시구려.

가을 엽서

저뭇한 해거름 따라
어둠 깃들고
개밥바라기 반짝 눈뜨면
느닷없이 그리움의
포로 되어 띄워 보냅니다

'안녕하시지요?
그래요. 저도 잘 지내고 있어요.'

수취인
불명으로 돌아올 사연
서쪽 들창 열고
무작정 창공으로 부칩니다.

산 위에 올라

투명한 햇살
언덕 아래로 구르는데

외로운 섬처럼
멀리 떨어져 있구나 그대는

물마루로 굽이치는
메울 길 없는 허전함

천 년의 학 울음으로 울까
길게 뿌리 세운 목.

부르지 못한 노래

구겨진 일들 많은 날은
시심도 제멋대로 흐른다

벌판을 흐르다가
지류 따라 무시로 흐르다
여울목을 휘감고 돌다
천 길 절벽으로 낙차하다
바다에 닿으면 비가 되었다가

누군가의 머리 위에
반짝이는 별 하나로 떴으면

사라지는 것들로
절절 끓던 가슴속 물살
가뭇없는 내 노래는
담금질도 소용없이
마침내 바서져 풍상이 되겠구나.

그녀의 치매

돌아갈 때를 안다는 것은
분명코 축복받은 일이건만
날 저문 황혼녘에
쟁기도 잃은 채 묵정밭을 갈려 한다

억새풀에 손목을 베어도
한때는 차돌같이
단단하게 빛났던 그녀
이제 윤기를 잃었구나

가을걷이 끝난
빈 들판의 옥수숫대처럼
텅텅 비어 가는 봄

태아의 모습으로
까무룩 잠든 육신이여,
이 밤은 어느 행성에서
동무들과 공기놀이를 할까.

그런 날도 오겠지

스스로의 거짓에 갇혀
끈끈한 점액질로 중무장한 가식
덧칠하면 할수록
아슬아슬 줄타기 광대의 삶
하지만,
헛짚어 온 세월이라고 박대만 하고 있을 건가
조막손으로 하늘 가리다가
자기 궤멸에 빠지기 전
헛발이라도 괜찮아 다시 일어나
절뚝이며 걷다가
어느 날
길 닦는 현자 있어 따라나서면
어둠의 귀 하나씩 열려지고
머나먼 남쪽에서
북상하는 훈풍도 만날 날 있겠지
바람 소리 물소리
참꽃이 어우러지게 피어나는
새순 트는 따스한 눈빛도 만나지겠지
그런 날이 오면
밝은 하늘 환희롭게 바라보게 되겠지.

연등 하나 밝히고

암 투병으로 까칠해진
거울 속의 내 얼굴
끝날 길도 보이지 않는데
된서리 맞고 날을 수 없는 날
장차 무엇이 끌고 가려는가

하긴, 판도라 상자처럼
미리 열어 볼 수 있다면
삶은 또 얼마나 암담할 것인가
감춰져 있는 내일이기에
허위허위 걸어왔겠지

허공에 연등 하나 밝히고
깊어 가는 시름 달래며
내 생의 무늬에 알맞는
색으로 채워 나가야지
그리다 밀쳐 둔
그림을 다시 그리듯이 그렇게.

버들벚꽃 흩날리니

옷고름 풀어내리니
농염도 하구나 백옥 살결
늙지도 않는
희대의 마술사 비바람이
요술 방망이로
벚꽃숭어리 슬쩍 스치자
수천수만의 하얀 나비 떼
팔랑팔랑 춤추다
제 길 찾아 떠나가니
스쳐 가는 인연이 아파라

술잔에 낙화 띄워 그 뉘와
취흥에 젖고픈
몹쓸 그리움만
자 반 남짓 자라나는 봄밤이다.

기다림

먼 데 산 어디선가
낙뢰가 울고
벌판 가득
먹구름 차일 치면

창밖 풍경은 느개에 젖은
담채 수묵화

오솔한 이런 날
그리운 이
먼 길 걸어와 찾아 준다면
정담은 느껍게 익어 가련만

커피 머그잔 속으로
달밤의 깨꽃처럼 환히 보이는
볼우물 짓는 그 얼굴.

시월

시월의 끝자락에 서서
드넓은 하늘 아래 질펀히 펼쳐진
누런 가을 들판 바라보면
옹졸했던 마음 넉넉해져
무어라도 다 용서해 줄 것 같다
너의 허물도 나의 어리석음까지도

이 가을 만산홍엽도
지난한 생의 파랑들
바람 부는 들판 속에 다 놓아 버리고
길 찾아 떠나려는데
누구를 용서한다는 건
허접한 종양 떼어 내고 날 가꾸는 일

우리 서로 좋았던 일들만 떠올려
누구랄 것도 없이 먼저 손을 내민다면
그 뉘라서
은총의 계절 시월이 아니라 하랴.

수레바퀴 속의 빛

상강 지난 숲 속에서
'귀토르르 호르르, 귀토르르 호르르'
미련 없이 가을을 전송하는 풀무치들

가고 오지 않는 것들의 비정함
돌아보면
알곡은 흩어지고 껍데기만 남아
"푸드덕 꿩꿩" 장끼 울음소리에도
소스라치게 놀라는 빈 들녘

여뀌 풀잎 따서
입에 물고 산모롱이 도니
무량으로 쏟아지는 눈부신 햇살

세상의 힘겨운 수레바퀴 축을
환히 비추는 빛의 축복
어둠의 배경이 되는
푸른 하늘 좀 오랫동안 봐야겠다.

여행길에서

잠 못 이루는 바다
펜션의 밤이 불면으로 뒤척이다
파도에 묻힌 지난 일들
우르르 몰려와 닻을 올린다

잠을 잊은 채 지새운 나날들이
파도 소리에 펄럭이는
낡은 커튼 같아
점점 화등잔만 하게 커 가는 눈

이제라도 늦진 않았어
에움길 돌아가듯
내 삶의 빠진 곳 찾아
퍼즐 조각 채워 주는 거야

빈 곳간처럼 허전했던
생의 한 부분을
오늘은 창밖의
저 파도 소리가 채워 주고 있다.

갈림길에서

광풍 몰아쳐서 다시
돌아갈 수도
궤도를 수정할 수도 없는 길

거친 삶에 지쳐 기진맥진해도
맥 놓고 주저 물러앉을 수야 없지

얼룩진 일들 제 가슴에 묻은 채
거부할 수 없는 보폭마다
그저 순해지고 깊어져서
징검돌 하나씩 놓으며 걸어갈밖에

누가 앞길 터 주지 않아도
내가 먼저
길 되어 가야 할 내 안의 길.

인연 따라 살자고요

해찰거리다 지나칠 양이면
집착에나 가두지 말 일이지
그 무슨 오진 인연이라고
애증의 길 동반하게 됐을까

그렇더라도,
살아 만난 것은 좋은 것이야
줄기차게 뛰다가 무릎 힘 빠져
진창에 나뒹구는 빗발도
궂은비 멎고 무지개 뜨면
또다시 내일을 꿈꾸게 되지

숨 쉴 동안 힘겹다고 엄살떨지만
뒤뚱거리는 사연이라도 있어야
티끌 같은 세상살이 살맛도 나지
인생 살아 봐야 뭐 별것 있겠나
우리 어깨 겯고 살아가자요.

아득한 바람
― 소망

마지막 죽는 순간
가시에 찔려
생애에 단 한 번 우는
가시나무새
그 마지막 순간에
뱉어 낸
피울음 같은 노래
부를 수 있다면

늘 눈이 젖어 있어
굳이 울지 않는 낙타가
끝없이 걸어가는
황량한 사막도 두렵지 않겠네.

버텨야 할 이유

자신에게 속을 때도 있지
스스로 쳐 놓은 덫에 걸려
박제된 올빼미처럼
철저히 거세당한 목젖

울화 돋은 칼바람에
시큰거리는 아픔
'아직도 피돌기를 하고 있다니!'
칼칼한 통증에
비로소 눈에 들어오는 시야

하늘은 푸르고
발은 땅에 닿아 있어 아직은
내가 살아 있어야 할 이유로 버티기

질긴 덫에 치여 비틀거려도
아직도
기우뚱 살아가는 연습 중이다
뒷날, 날 놓아 주는 가뿐함을 위하여.

길 따라 걷다가

겨울 산새도 제 길 찾아 떠나가고
정이월 차디찬 무서리에
두서없이 뒤엉켜
얼어붙은 발자국

봄 입김에 땅 풀리면
이 길 뒤따라 걷는
그 누구라서 옛사람 떠올릴까

빈집을 무시로 드나드는 바람처럼
이승을 떠나가도
세상의 길 따라 찍힌 지문은
사람들 마음속에 잇닿아 있는 것

생전의 인연 고이 다스리다
나 먼저 저 먼 곳으로 영 돌아가면
등불 환히 밝혀 그대 올 길 밝히리라.

당부하거니

청백색의 털실로 짠
방울 달린 베레모
날 버리고 어디로 가 버렸을까

머물던 몸 떠날 땐 혼도 따라 갔으리

맑았던 유리창 얼룩 지우듯
개울물 건너간 발자취 지워지듯
나 또한 언젠간
내 자릴 비워 주고 떠나가겠지

이승에 떨어뜨린 흔적 가없거니
내 앉았던 자린
바람도 고쳐 앉질 마라

어떤 열망도 흔적도 솟구치질 마라
무위로 돌아가는 바람 따라
꽃 대궁도 씨앗 말리고 침묵해 다오.

바람꽃 청매

매차운 삭풍 한천도 두렵지 않아
뼈마디 속 진액 짜내
철골등걸에 철필로 아로새긴 불꽃문신

눈 쌓인 혹한의 강풍이면 어떠랴
뒤틀린 허리 혼신으로 일으켜 세워
맑고 은은한 암향暗香
자울자울 풀어내는 바람꽃 청매

매화향 천지에 번지니
내 여린 실핏줄에도
피어나는 그리움의 열꽃

속절없이 들끓는 신열과
부끄러운 마음 모다 죄 속에 숨기고
마음자리 돌심보 되어
그대 향해 꽃빛발로 날아가리니.

알리움꽃

망실의 강물에 절로 녹아
흔적 없이 사라지길 바라도
티눈처럼 못이 박혀
지워 낼 수 없는 허물

맥맥마다 흐르던
혈류 끊어지는 그날이 오면
내 무덤 위에
솟아오를 돌배나무
밤마다 배꽃향 흩날리며
천지간 헤맬 것을
어쩌다 몹쓸 애저림
이리 깊게 새겨 놨는지

누구의 무덤인가
봉분 앞에 놓인 알리움꽃 한 송이.

깃들 곳으로

깃들깃들깃들깃들깃들 **깃들**

처서 지나 아침저녁
귀뚜라미
영원히 깃들 곳으로 길 떠날 채비 한다네

굴렁, 굴렁,
세월의 굴렁쇠 굴려 함께 가자고

귀뜰귀뜰귀뜰귀뜰 **귀뜰**.

한 그루 세계수

가을이 채 물들기 전
살기 찬 태풍에게
뿌리째 갉아먹힌 은행나무

때 이른 황금빛 모습으로 눈부시게 단장하니
주위의 푸른 것들 무색케 한
한 그루의 세계수*

아, 내 마지막 떠남도
저리도 환하게 갈무리하고
미련 없이 가는 하늘 길이었으면…….

* 유대교 경전 카빌라에는 생명나무(세계수)는 사람이라면 응당 걸어가야 할 삶과 죽음을 통해 영원한 생명의 길로 이르게 됨을 궁극적으로 이해하고 받아들이게 된다고 기록되어 있다.

풍경 밖 풍경 속으로

바람은 이따금
날 흔들어 세우지만
잊혀질 길을 가기 위해 걸어간다

미로처럼 혼미한 길
물살에 휘말려 곤두박질칠 낭떠러지
웃음 흐드러진 꽃길

미처 그와 헤어지기도 전에
그를 잊듯이
다만 잊혀지기 위해
풍경 밖 풍경 속으로 걸어갈 뿐이다.

탈각

다섯 개에서 네 개로
네 개에서 세 개로
세 개에서 두 개로
두 개에서 한 개로

때론 아무 소용머리 없어
떼어 내는 액세서리

가볍게,
아주 가볍게 가기 위해
깃털처럼 처음의 무게로.

■ 작품 해설

궤란쩍은 옹위로서, 부질없는 폄훼로서
― 신동명이 에돌아가야 할 가깝고도 먼 길

권 오 운
〈시인·중앙대 교수 역임〉

  시가, 본연의 영역에 '갇혀 있기를 거부하는' 시대에 우리는 살고 있다. 많은 시인들이 이에 기꺼이 '복무(服務)'하고 있으며, 우리는 그들 앞에서 깨춤이나 추고 있다. 따라서 오늘의 시는 '도대체 모를 소리'라는 아우성 속에서도 의연하다. 이런 시대에, 참으로 견딜 수가 없는 이 시대에, 우리는 시 본연의 한쪽 귀퉁이라도 잡고 있는 이를 찾아내는 일은 지난하다.

  시가, 서 푼짜리 식은 가락이나 찾아가는 길에 있다면, 하다못해 시가, 무슨 보람 같은 것이나 가치나 의미를 찾아가는 길에 있다면, 그러기만을 바라 마지 않는다면, 그것은 천하없어도 시의 본령에서 많이 벗어나 있음에 틀림없으리라.
 신동명(申東明)이라는 한 시인의 시를 두고 시작한 이 글의 서두가 이처럼 가리산저리산하고 있는 것은, 정해진 공전주기와 궤도를 벗어나 홀로 멀리 에돌아 온다는 죄목(?)으로 가차 없이 태양계의 아홉 개의 행성에서 그 지위를 박탈당한 명왕성처럼, 그리고도 지금도 제 길만 가고 있는 명왕성처럼 애틋해 보이는 까닭이다. 솔직해지자면 천야만야한 저쪽에 있는 듯하다.

> 매서운 삭풍 한철
> 인종으로 다진 세월
> 앞강도 쩡쩡
> 정을 치는 섣달
> 메마른 철골
> 살 찢는 아픔이지
>
> 첫사랑인 듯,
> 첫사랑인 듯,
> 짙은 향기 머금은 채
> 두근대는 앙가슴
> 차디찬 눈발도

비껴가리니
 -〈달빛 아래 남매〉부분.

(행갈이는 필자가 자의적으로 지은 것임)

 전형적인 평시조 한 수를 보는 듯하다. 시가 종종 정형에 기대거나 정형이 자유시를 걸터듬는대서 큰 소리를 낼 일은 분명 아니다. 최근에는 두 영역이 수위(그런 것이 있다면)를 가늠하기 어려울 정도로 서로 몸을 섞고 있어서 더는 괘념해서는 안 될 일일지 모른다. 다만, 예문의 경우와 같이 시가 정형에 과도하게 다가가다 보면 내용이 흔들릴 수 있음을 경계하고자 함이다. 예컨대 '삭풍'이나 '인종'이나 '메마른 철골' '향기 머금은', '앙가슴' 따위의, 이제는 그 의미마저 희미해지는 낯설기까지 한 용어의 난입과 '살 찢는 아픔' 따위가 지극히 상식적이고 평이한 토로에 그치고 마는 경우들이 그것이다.
 두 번째는 '강요된 느낌'의 확신이 그것이다. 느낌이란, 거칠거나 억센 언어로 무장하면 할수록 강도는 확산되는 것이 아니라 오히려 위축되어 버리는 생리를 가지고 있다. 예문의 '매서운~'도 '살 찢는~'도 '두근거리는~' 것도 다 그런 경우들이다.

섬뜩하구나 매서운 결기가
하얗게 눈 쌓인 천 길 벼랑으로
단숨에 생을 요절내
붉게 물든 선혈

할 말 많은 붉은 혓바닥 동백
흩어진 사연 줍는 동박새여
언제 서로 만나기나 했었던가?

생의 절정에서
목숨까지 살라 먹은 그대는
사랑의 불꽃 화신
헛된 거짓 사랑맹세에
제 스스로 관이 된

피맺힌 생죽음일진대 애절타
영가 불러 위로하노니 천기 밝은
이 밤 절통함 굳이 잠재우시라.
　　　　　　　－〈겨울 동백〉 전문.

 이 예문은 '강요된 느낌'이 강력하기만 한 수식에 의해 얼마나 의미의 확산을 저해 받고 있는가를 극명

하게 보여 주는 예가 될 것이다. 가령, '결기'가 '섬뜩하고 매서운'이란 억세기만 한 수식이 '못마땅한 것을 참지 못하고 성을 내거나 왈칵 행동하는 '성미'라는 사전적 풀이를 도리어 얼마나 훼손하고 있는가를 알 수 있다. '선혈(鮮血)'도 '붉게 물들이는' 수식으로 가두어 놓음으로서 '생생한 피'를 시들하게 식혀 놓고 있다. 또 '생죽음'마저도 '피맺힘'으로 그 의미의 확산을 가로막고 있으며, '불꽃 화신'도 '죽음까지 살라 먹어서' 그만 풀이 죽고 말았다.

신동명은 〈시인의 말〉에서, '누군가의 먹먹한 가슴에 다정하게 말을 건네는 시가 되길 바란다'고 썼다. '먹먹한 가슴에 말 걸기' 이것이 신동명 시의 모티브가 분명해 보인다.

　　산 안에
　　산이 잠들어 있다

　　보지 않아도 보이고
　　듣지 않아도 들리는
　　파릇한 숨소리

묵묵히 꿈에 잠긴
깊은 겨울 산.
　　－〈깊은 산〉 전문.

'산 안에 산이 잠들어 있는' 경우만큼 먹먹한 때가 다시 또 있으랴 싶다. 그런데도 시인은 '보지 않아도 보이고, 듣지 않아도 들린다'며 깊은 꿈에 든 겨울 산의 처연한 음성으로 노닥거린다. 그 끈덕진 노닥거림이 바로 신동명 시의 근골이 된다. 허옇게 뿜어 올리는 근골의 입김이 된다.

'빈집의 돌쩌귀 같은 깊은 침묵'(〈산사〉 부분)과 같은 탁월한 감각이나, '나도 지레 산속으로 타 들어가'(〈단풍〉 부분) 버리는 빼어난 예지까지도 모두 그의 '말 걸기'의 시작과 끝이다.

한 여성 작가가 '이야기가 입을 닫으려는 순간을 좋아하다'고 쓴 것을 두고 신 아무개 비평가는 '단편소설의 창작론이나 다름없다'며 극찬한 적이 있다. 그래서 이 거푸집에 시의 그것을 담아 보았다. '먹먹함에 말 걸기'를 '먹먹함에 말 닫기(말 끊기)'로 치환시켜도 거뜬하다는 사실을 확인시켜 주었다. 소설에서 이야기가 힘들어지기 전에 입을 다물어야 함에 비길만하게 시에는 '에돌아가야' 할 길이 있다. 그 길은 가깝고도 멀다.

> 수없이 난타를 당해도
> 절대 울지 않는다
> 팔팔 뛰는 생선도
> 싱그러운 채소도
> 끝내는
> 제 몸 허물어 길을 내는
> 　　　　　　　　　−〈도마〉 부분.

> 하릴없이
>
> 유리창에 비친
>
> 제 얼굴 위로
>
> 물 그림이나 그렸다가 지우고
>
> 지웠다간 또 그리고…….
> 　　　　　−〈밤비는 내리고〉 전문.

'팔팔 뛰는 생선'도 '싱그러운 채소'도 언젠가는 '제 몸 허물어 길을 내야' 한다. '몸을 허무는' 일이

먹먹함이요, '길을 내는' 일이 '말 걸기'나 '말 닫기'가 된다는 현실만이 다가와 있다. 또 '유리창에 비친 제 얼굴 위로 물 그림이나 그렸다가 지우는 때가, '하릴없는' 그때가 바로 신동명의 시의 길이다. 그리고 이 글은 그 길에 놓인 싸릿개비에 지나지 않는다. 그러나 이 싸릿개비가, 궤란쩍은 옹위도 부질없는 폄훼도 아니라는 사실을 확실하게 일깨우는 시 한 편이 우리를 기다리고 있다.

> 당신이 던진 몸짓 하나
> 밤하늘에 걸어 놓고 골똘히 어루만지다가
> 새벽녘에야
> 남몰래 달님 하나 배고 말았네.
> ─〈새벽달〉 전문.

당신이 던진 '몸짓 하나'를 밤새 조물락거려서 '달님 하나 배'는 기량은 신동명한테서가 아니면 발견해 내기 어려우리라. '달님'이 아니라, '기적(奇蹟)'을 하나 둥두렷이 배고 말았네!

■ 작품 해설

이 한 편 시를 말한다

고 중 영 시인

찌는 듯한 여름밤 꿈자리 내내
대자리에 큰대(大)자로 누운, 아니
콩태(太)자가
밤새껏 나를 동동 쫓아다니대

기어코 물을 한 바가지 퍼붓고 말았네.
　　　　　　　　　　　－〈몽유〉전문.

　詩가 詩이기 위해 갖추어야 할 요소들이 있다. 그것은 싱싱한 생명력을 내재한 씨앗으로서의 기능, 즉 시인이 소유한 시의 틀이 그것이요 그 씨앗이 발아할 수 있는 토양과 온도 습기 그리고 자양분인데 그것은 시인의 사관(史觀)과 정서가 그것이다.

그렇게 발아한 시가 잎과 줄기 위에 꽃을 피워 올리는 과정을 시인이 갖춘 덕목에 해당한다면 한 편의 시는 결국 그 시인의 삶과 영혼에 해당하는 것이다.

신동명 시인의 〈몽유〉를 그런 바탕에 올려놓고 한 결 한결 들춰 나가다가 보면 경악하지 않을 수 없을 것이니 몽유라는 제목 속에 숨어 있는 여성으로서의 의지와 자유로워지고 싶어하는 열망 때문이다. 몽유라는 말은 무엇을 뜻함인가? 사전적 풀이로는 "꿈속을 헤엄치다"가 되겠지만 신동명 시인이 표방하고자 하는 어의는 그것만이 아니라는 것을 이 글을 읽는 사람은 이미 짐작하고 있을 것이다.

몽유라는 언어는 가장 적절한 해방을 누리고 싶은 의지의 표현, 그 적절한 해방을 누릴 수 있는 가능에 가까운 의식과 행위를 뜻하고 있다. 그런 정서를 전제하며 이 시를 말해 보기로 한다.

첫 연 '찌는 듯한 여름밤 꿈자리 내내'에서 '찌는 듯한 여름밤'이 내포하고 있는 바는 우선 여성의 체열을 접하는 짜릿함은 도발적으로 펼쳐 놓은 빛이 아닌가.

'꿈자리 내내'는 우리의 내면 속에 잠재한, 그러나 끊임없이 단죄되어 온 욕망의 실재(實在)를 거리낌

없이 인정하고 시어로서 이러한 파격적인 언어를 선택할 수 있는 시인의 용기는 과연 어디서 온 것일까, 경험철학인가? 아니면 생의 달관인가? 고개를 갸웃거려 봄직한, 어쨌든 신동명 시인은 이 시를 통해 자유와 해방을 맛보았으리라 미루어 짐작할 수 있겠다.

다음 '대자리에 큰대(大)자로 누운 아니, 콩태(太)자가 밤새껏 나를 동동 쫓아다니데.'는 신동명 시인의 언어에 대한 확신과 용기가 돋보이는 대목인데 '큰대자로 누운 아니,'의 '아니'라는 부정법에서 긍정으로 가는 절차를 무시해 버린 어법, 그러면서도 전혀 생소한 느낌이 들지 않는 어법은 무엇인가?

역시 생을 달관한 신동명 시인의 확신이 가져다주는 것이라 해명되어 안도감을 느낀다.

그런데 부정법에서 긍정법을 무시해 버리고 바로 '콩태(太)자가 밤새껏 나를 동동 쫓아다니는데'를 조바심치듯 바삐 내놓은 여심의 저변에는 어떤 사고의 색깔이 숨겨져 있을까를 간과해서는 이 시의 참맛을 놓치는 것이니 '대자리에 큰대(大)자로 누운' 여인의 자세, 즉 여인으로서는 파격적이고 무방비적인 자세를 서술한 시인이 치심(恥心)을 애서 감추고자 바삐 치맛자락을 바잡는 여성스러움의 미학을 읽어야 할 것임을 강조하고 싶다.

 그러나 그 연의 표피적인 상황을 또한 외면할 수 없을 것이니 '콩태자가 밤새껏 나를 동동 쫓아다니는' 상황은 당연히 여성의 性이 갈구하는, 아니 그 갈구가 현실화되고 있는 상징적 표현인 바에야 이미 논거의 빌미를 제거해 버린 詩적 기법이 아니겠는가.

 '기어코 물을 한 바가지 퍼붓고 말았네'라는 結이 얼마나 통쾌한 자유며 해방인가는 독자들이 앞서 느끼고 있으리라 보고 부언을 삼가한다.

┃시집을 내고┃

색지가 필요한 시간

자꾸만 비어 가는 기억의 곳간
달아나는 기억의 시간을 붙들고
표식의 색지를 붙여 나가면
속수무책으로
받아들여야만 했던,
지난날들을 되돌려 세울 수 있을까
너무 멀리 와 버려 돌아갈 수 없는
시간들을 향해 손짓을 하듯이
이 한 권의 시집을 엮어
지난날들을 돌이켜 본다.

이 시집이 나오기까지 제게 도움을 주신
선생님들께 깊은 감사를 드립니다.

지은이 신 동 명

신동명 시집
새벽달

초판 발행 2016년 5월 20일

지은이 | 신동명
펴낸이 | 김효열
편 집 | 이미정
마케팅 | 김효숙·김영미·박미옥

펴낸곳 | 을지출판공사

등록번호 | 1985년 2월 14일 제 2-741호
주　　소 | 서울시 구로구 가마산로27길 24, 319호
우편번호 | 08298
전　　화 | 02) 334-4050
팩　　스 | 02) 334-4010
이 메 일 | ejp4050@hanmail.net

값 13,000원

ISBN 978-89-7566-160-0　　03810

* 저자와의 협약으로 인지는 생략합니다.
* 잘못 만들어진 책은 구입하신 서점에서 교환해 드립니다.